First Picture Dictionary
Animals

اولنے انځوري قاموس

ځناور

Pig
سور

Rabbit
سویه

Butterfly
پرپرکے

Fox
گیدړ

Illustrated by Anna Ivanir

www.kidkiddos.com
Copyright ©2025 by KidKiddos Books Ltd.
support@kidkiddos.com

All rights reserved. No part of this book may be reproduced in any form or by any electronic or mechanical means, including information storage and retrieval systems, without written permission from the publisher, except in the case of a reviewer, who may quote brief passages embodied in critical articles or in a review.
First edition, 2025

Translated from English by Khaliq Zaman
د خالق زمان لخوا له انګلیسي څخه ژباړل شوی

Library and Archives Canada Cataloguing in Publication
First Picture Dictionary - Animals (English Pashto Bilingual edition)
ISBN: 978-1-83416-666-7 paperback
ISBN: 978-1-83416-667-4 hardcover
ISBN: 978-1-83416-665-0 eBook

Please note that the English and Pashto versions of the story have been written to be as close as possible. However, in some cases they differ in order to accommodate nuances and fluidity of each language.

Wild Animals
ساراني ځناور

Lion
زمري

Tiger
پړانګ

Giraffe
زرافهٔ

✦ *A giraffe is the tallest animal on land.*
✦ زرافهٔ په ځمکه د ټولو نه لوړ ځناور دے۔

Elephant
هاتين / فيل

Monkey
شادو

Wild Animals

ساراني ځناور

Hippopotamus

د ابو مېښه

Panda

پاندا

Fox

ګیدړ

Deer

هوسۍ

Rhino

ګېنډا

Moose
موز

Wolf
شرمخ

◆A moose is a great swimmer and can dive underwater to eat plants!

◆موز یو ډېر ښه لامبوزن دے او د بوټو د خوراک د پاره د اوبو دننه غوپه وخلے شي!

Squirrel
بلونګړے

Koala
کوالا

◆A squirrel hides nuts for winter, but sometimes forgets where it put them!

◆بلونګړے په ژمي کښې تخمونه پټوي، خو ځنې وخت ترې هېرشي چې چرته یې پټ کړي دي ۔

Gorilla
ګوریلا

Pets
ساتونکي ځناور

Canary
کناري

✦ *A frog can breathe through its skin as well as its lungs!*
✦ چیندخ د پږپوسانو سره سره په څرمن هم سا اغستلې شي-

Guinea Pig
ګیني سور

Frog
چیندخ

Hamster
هېمستر

Goldfish
زرد کب

Dog
سپے

✦ *Some parrots can copy words and even laugh like a human!*
✦ ځینې طوطیان خبرې نقل کولے شي او تر دې چې د انسان شان خندا هم کولے شي -

Cat
پیشو

Parrot
طوطي

Animals at the Farm
په پټي کښې ساتونکي ځناور

Cow
غوا

Chicken
چرګ

Duck
بطه

Sheep
ګډه

Horse
اس

Small Animals
وارۀ ځناور

Chameleon
کربورے

Spider
جولا

✦ *An ostrich is the biggest bird, but it cannot fly!*

✦ شترمرغ د ټولو نه لویه مرغۍ ده خو دا نه شي الوتلے!

Bee
کبینه مچۍ

✦ *A snail carries its home on its back and moves very slowly.*

✦ شاپېتی خپل کور په خپله شا ګرځوي او دا ډېره په قلاره خوځېږي۔

Snail
شاپېتی

Mouse
منږک

Quiet Animals
غلي ځناور

Ladybug
کنګوتۍ

Turtle
شمشتۍ

✦ *A turtle can live both on land and in water.*
✦ شمشتۍ په وچه او اوبو دواړه ژوند کولے شي۔

Fish
مهۍ

Lizard
چرمخکی

Owl
گونګے

Bat
شاپرک

✦An owl hunts at night and uses its hearing to find food!
✦گونګے د شپې ښکار کوي او د خوراک معلومولو د پاره د اوریدو حس استعمالوي!

✦A firefly glows at night to find other fireflies.
✦اور ورکے د نورو اور ورکو معلومولو د پاره د شپې رڼا کوي۔

Raccoon
راکون

Tarantula
زهري جولا

Colorful Animals
رنګين ځناور

A flamingo is pink
فلېمينګو ګلابي يې

An owl is brown
ګونګے نسواري يې

A swan is white
بطه سپينه يې

An octopus is purple
اکتوپس جامني يې

A frog is green
چيندخ شين يې

✦ A frog is green, so it can hide among the leaves.
✦ چيندخ شين يې، ځکه دے په پاڼو کې پټېدے شي۔

Animals and Their Babies
ځناور اؤ د هغوئ بچي

Cow and Calf
غوا او سخے

Cat and Kitten
پیشو او پیشونګرے

✦ *A chick talks to its mother even before it hatches.*
✦ چرګوړې د اګۍ راوتو نه مخکښې د خپلې مور سره خبرې کوي۔

Chicken and Chick
چرګ او چرګوړے

Dog and Puppy
سپے او کوکرے

Butterfly and Caterpillar
پرپرکے او پیشَکه

Sheep and Lamb
ګډه او ګډو رے

Horse and Foal
اس او د اس بچے

Pig and Piglet
لېوۀ او د لېوۀ بچے

Goat and Kid
بیزۀ او پیسکورے

www.ingramcontent.com/pod-product-compliance
Lightning Source LLC
LaVergne TN
LVHW072002060526
838200LV00010B/265